AF395417

Aulis Antamaa

Jäähyväiset mielenrauhalle

Kustantaja: BoD – Books on Demand, Helsinki, Suomi

Valmistaja: BoD – Books on Demand – Norderstedt, Saksa

ISBN: 9789528020950

osa sinusta jäi tänne

kalsarit tyynyn alle

hyvästi työpaineet

tervetuloa mielenrauha

ei

elpynyt libido laukkaa

kurtturuusu on riesa

pyllyssä ihan jees

niin paljon sanottavaa

puhetta parsiin puettavaksi

kuinka kaiken kertoisin

nyt ne pallit pois mun suusta

tästä muuten mitään tuu

nuorukaisen

sheivaamaton

alakerta

viettelevän

viatonta

narisutat nautinnon portteja

viettelet sydänsurujen laaksoon

varastat mielenrauhani

herätät minut kuolleista

oi rakkain olet suurin

purjehdi pullein purjein

halki kainouteni tuulten

anna airosi soutaa

hekumani aaltojen hetteiköissä

ponnistele läpi myrskyn

ja saattele minut rauhaisaan rantaan

juhlavuoteni 2020

alakerran ensisheivaus 30v

ihminen tuhoaa maapallon

jokainen syntyvä lapsi

syytön vanhempiensa synteihin

uusi mahdollisuus

lento-oravia

ketä kiinnostaa

täytämme raamatullista tehtäväämme

tellus täyteen ja kaikki hyvin

slurps mässyn lässyn

klumps röyh nami nami

minähän en naudasta luovu

työntäkööt ilmastonmuutoksen

vittu mun rakennekynsi katkes

    meidän rannassa ei voi uida

mitä mä teen mun hiuksille

    kuolleet kalat ja muoviröykkiöt haisee

jotaa bling blingiä nyt tähän tylsyyteen

    kuivuus poltti meidän viljasadon

taas ne näyttää töllössä noita afrikan köyhii

    sisko kuoli eilen ripuliin ja nestehukkaan

vaihda kanavaa

miksi kettu on surullinen

eikö häkki kelpaa sille

mitä välii

kunhan viileet leidit ei palele

meitä on yli seitsemän miljardia

värikäs bling bling on kivaa

kissapetojen metsästys on jännää

länsimainen elintaso on saavutettu etu

monimuotoisuus on yliarvostettua

kyllä minä olen tämän kaiken ansainnut

ilmastonmuutos on hysteerikkojen keksintö

minä en jaksa kävellä ja kierrättää

jäähyväiset luonnolle

hauras ihoni on rikki kolhuista ja kiskomisesta

minulle tiuskitaan ja puetaan vieraita vaatteita

tänään hoitaja itki ja kiroili yhtä aikaa

ymmärtäähän sen kun paskat on pitkin lattioita

lapseni välttelee kosketustani saatuaan

noroviruksen viime kerralla

täällä kalliissa ja hyvässä hoivassa

vietän kultaisia vuosia

leppävaara

hoitokoti

äitini

angstin synonyymi

taas yhdet hautajaiset rikkaampi

ontto raamatullinen liirumlaarum

kappelin seinästä seinään

pappikin sai kahvia juodakseen

mikä ihme saa jotkut

viisaatkin miehet uskomaan jumaliin

suljet minut vihreään syliisi

näytät jälleen kaikki ihmeet

valosi lämpösi armo toivo

vuoksesi jaksan vielä vähän

kevät

kauanko suvakkihomona

jaksan katsoa toiseen suuntaan

kun homofobinen ja misogyyninen kulttuuri

leviää ympärilläni

isä lukee lapselle

hymy riisuu minut

metsä hengittää

j karjalainen puhuu

onko tämä minulle

kuuntelit kärsivällisesti

jossain soi bach

hyvyys häikäisee

saavut taas etuajassa

joudun hosumaan

hermostun

en koskaan tapaa sinua

levollisena

armollista olla tietämätön

tulevaisuudestaan

nämä vuodet

olisivat luhistaneet nuoren idealistin

vielä aurinko lämmittää

luita ja sielua

lintuja on vähemmän

mutta kuulen laulun

jalat kantavat huonommin

mutta valo ja vihreys

odotukset ovat poissa

mutta hengitän kevyemmin

siunattu kevät

20 000:s herääminen uuteen aamuun

on jaksettava nousta

haasteet odottavat

uni miksi hylkäsit minut

oliko niin että elämä on lahja

söin äsken suuren tukon ruohoa

minua väsyttää hiukan

en juuri nyt jaksaisi raataa

elän maailman parhaassa maassa

suuri johtajamme rakastaa meitä kaikkia

ja voi paksusti

olin lapsena kalvakas tuppisuu ja koulukiusattu

nyt baarikärpäset ihailevat johtajuuttani

kylvin nihilismini hedelmälliseen maaperään

palava aate kantaa yli luokkarajojen

parahin turkisrouva

muistathan makustella

koiranlihaa koreanmatkalla

ethän suo että koiratarhurit

jäävät einehettä

kitisen

marisen

taivastelen

voivottelen

päivittelen

arvostelen

raakun

neuvon

tiedän paremmin

olen vanhus

älä mulle ala

täältä pesee

anteeks mitä

kaipaatko nyrkkiä

muut puhukoot toksisesta maskuliinisuudesta

minä miehen kunniasta

vanha paatunut porvari

raakkuu raastavasti

kaikki kertynyt itsekeskeisyys

kyynärpäiden käyttö äänessään

varjelen sydäntäni ja pysyn kaukana

vuokkovanamo vienonen-viitakorpi

geometrinen kampaus

itsetietoinen olemus

kantaa nimeään kuin kunniamerkkiä

mannerheim on huipputyyppi

vitun pullukat ja mammanpojat

intohimona nöyryyttäminen

vanhan liiton jumppamaikat rules

minä asun vapaassa maassa

minä syön halpaa lihaa

ja syön sitä paljon

minä en usko ilmastonmuutokseen

minä tahdon kuluttaa

se on saavutettu etu

minulla on sananvapaus

ja sillä minä sivallan

minä katson lähelle

enkä näe kauas

minä minä minä

yks tyyppi arvosteli mun turkkia

mä olin vaan et get a life

ihmiskunnan syöpäläinen

tuo kirahvin pää on tuliainen

kenian metsästysmatkaltani

ihmiskunnan syöpäläinen

rajat kiinni ja isänmaa takaisin

ihmiskunnan syöpäläinen

minä en luovu mistään saavuttamastani

ihmiskunnan syöpäläinen

huonoimmat pojat

vastassa parhaat tytöt

korismatsi vailla vertaa

koko koulu katsomossa

sadistisen huumorin juhla

jumppamaikan märkä uni

kultaisella 70-luvulla

ota poikani yökylään

rakas harryni jumaloi sinua

anna meidän paistatella

kuuluisuutesi loisteessa

me emme ole mitään

mutta menestyksesi aura

on siunaus meillekin

oi michael

ota poikani yökylään

hinnasta viis

hesperian esplanadi

hillittyä charmia kastanjoiden helmassa

pitkissä hihnoissa

arvaamattomasti poukkoilevia lemmikkejä

paskalle löyhkääviä roskiksia

töölön suurimmassa koirakäymälässä

mona lisa

oi kuinka kaunis taulu

kyllä maalaustaide on hienoa

synteettistä ja virheetöntä

kiitos

sielukkuus on yliarvostettua

aamen

robottimainen kaavamaisuus

siistii

painat vaan oikeeta nappii

auto-tune

katso kinastelevia sisaruksia

ymmärrät mistä sodat syttyvät

pitikin päätyä brittiläiseen oikeuteen

am i supposed to take you seriously

in your stupid wig your honour

valloittavat valkoposkihanhet

kauniisti kaakattavat

potkun osuessa kohdalleen

kaupallisen kanavan artistiohjelma

neljä miestä kolme naista

juhlajaksossa viisi miestä kolme naista

naiset on perseestä

mureaa suussa sulavaa

huippukeittiön koiraa

mutta tekisivät jotain

tuolle takapihan ikävälle ulinalle

kyllästynyt miehiin

ne tuijottaa

ne hengittää

on olemassa

me too

näin vaivatta päiväpeitto asettuu

vain kerran elämässä

mutta nurinperin

naiset muistuttavat tasa-arvosta

tahtovat bussiin ensimmäisenä

kailotuksensa käy korviin

nuoruusmuistelonsa pikkuvanhoja

nöyryytensä pateettista

naiviutensa vilpitöntä

makuasiat on makuasioita

vai mitä adele

paskantärkeitä porvareita

nirppanokkaisia neiti näpsäköitä

vittumaisia vallasrouvia

seipäännielleitä setämiehiä

tervetuloa k-kauppaan

kuoro yhteisönä

loppumaton esilläolon kutsumus

introvertin painajainen

jatkuvat muutokset vituttaa

ilman niitä eläisimme

onnellisesti luolissa

yli 30 vuotta asiakkaiden mielistelyä

matalaa palkkaa

aikaisten aamujen angstia

nukuttavia kokouksia

kiihtyvää muutosten virtaa

tervetuloa loppu elämän pituinen viikonloppu

muutos muutos muutos

muutos muutos muutos

muutos muutos muutos

muutos **vitutus** muutos

muutos muutos muutos